ALFAGUARA

La casa del caracol
Poesía coral

Luz María Chapela
Ilustraciones: Rodrigo Vargas

ALFAGUARA

LA CASA DEL CARACOL. POESÍA CORAL
D.R. © Del texto: Luz María Chapela, 1999
D.R. © De las ilustraciones: Rodrigo Vargas Chapela, 1999

D.R. © De esta edición:
Aguilar, Altea, Taurus, Alfaguara, S.A. de C.V., 1999
Av. Universidad 767, Col. Del Valle
México, 03100, D.F. Teléfono 5688 8966
www.alfaguara.com.mx

Alfaguara es un sello editorial del **Grupo Santillana**.
Éstas son sus sedes:

ARGENTINA, BOLIVIA, CHILE, COLOMBIA, COSTA RICA, ECUADOR,
EL SALVADOR, ESPAÑA, ESTADOS UNIDOS, GUATEMALA, MÉXICO,
PANAMÁ, PERÚ, PUERTO RICO, REPÚBLICA DOMINICANA,
URUGUAY Y VENEZUELA.

Primera edición en Alfaguara: diciembre de 1999
Primera reimpresión: mayo de 2003

ISBN: 968-19-0613-6

D.R. © Cubierta: Rodrigo Vargas Chapela, 1999

Impreso en México

Índice

Rompe la noche

- Un suave brillo rompe la noche.
- ¿Brillo ligero? ¿Brillo en la noche?

- Alzan sus caras los caracoles.
- La tierra entrega suaves olores.
- Despierta queda la mariposa.
- Alas bonitas, mirada hermosa.

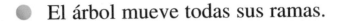 El árbol mueve todas sus ramas.

El viento llega y el viento pasa.

Nubes y cielos color de rosa.

Allá a lo lejos nace la aurora.

Fiestas y aplausos por todos lados.

Fiestas y aplausos. ¡El día ha empezado!

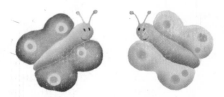

Vamos a
andar de puntas

 Vamos a andar de puntas en el bosque.

 No pises las violetas, no pises sus colores.

 Vamos a recorrer sus mil veredas.

Mantente alerta para que no te pierdas.

Vamos a seguir con sigilo los pasos del venado.

El silencio será entonces tu mejor aliado.

Vamos a contemplar el paso de las nubes.

¿Son algodón? ¿Son plata? ¿Qué cosa son las nubes?

Vamos a respirar despacio con la brisa.

Venado, nube, viento, bosque y risa.

La casa del caracol

● ¿Cómo es la casa del caracol?

● Redonda y linda como una flor.

● ¿Cómo la lava, cómo la limpia?

● Con gotas de agua que hay en la milpa.

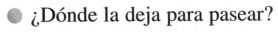 ¿Dónde la deja para pasear?

¡¿Dejar su casa?! ¡Nunca jamás!

¿Nunca jamás?

¡Nunca jamás!

¡Que llueva!

- Damos saltitos cuando deseamos
- Un chipi chipi para mojarnos.

- Damos saltotes cuando queremos
- Un aguacero con todo y truenos.

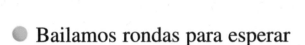

● Bailamos rondas para esperar
● Una tormenta espectacular.

● Dos machincuepas tal vez traerían
● Dos granizadas requetefrías.

● Bailamos juntos para esperar
● ¡Caiga la lluvia en nuestra ciudad!

Me pides
que te cuente

- Me pides que te cuente un cuento de becerros.
- Recién nacidos todos, recién nacidos.

- De becerros pequeños, recién nacidos,
- Que buscan a sus madres con sus balidos.

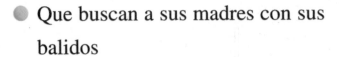
Que buscan a sus madres con sus
balidos
Y que beben la leche más exquisita.

Becerritos pequeños, recién nacidos,
Que beben de la leche más exquisita.

Y que ya quieren pronto salir al
campo
A buscar girasoles para mirarlos.

- ¿Que los busquen corriendo a los girasoles?
- ¿Corriendo? ¡No! Son chicos, mejor a saltos.

- Pues ya tienes tu cuento que me pedías.
- Pues ya tengo mi cuento que me contaste.

- ¿El cuento que te conté?
- ¿El cuento que me contaste?

Tocas tu flauta dulce

● Tocas tu flauta dulce por los campos.
● Eso dicen los pastos.

● Tocas tu flauta dulce por los cerros.
● Eso dicen los cielos.

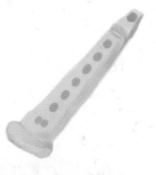

● Tocas tu flauta dulce por los caminos.

● Eso dicen, dicen los niños.

● Tocas tu flauta dulce en el trigal.

● ¡Dan ganas de cantar!

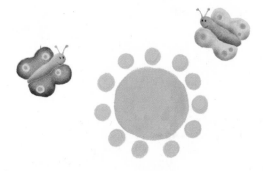

Este libro terminó de imprimirse en mayo de 2003 en Grupo Caz, Marcos Carrillo núm. 159, Col. Asturias, C. P. 06850, México, D. F.